BEI GRIN MACHT SICH IHR WISSEN BEZAHLT

- Wir veröffentlichen Ihre Hausarbeit, Bachelor- und Masterarbeit

- Ihr eigenes eBook und Buch - weltweit in allen wichtigen Shops

- Verdienen Sie an jedem Verkauf

Jetzt bei www.GRIN.com hochladen
und kostenlos publizieren

Marc Daniels

Aus der Reihe: e-fellows.net stipendiaten-wissen

e-fellows.net (Hrsg.)

Band 1476

Die Leistungskondiktion. Der bereicherungsrechtliche Anspruch aus § 812 I 1 Alt. 1 BGB

GRIN Verlag

Bibliografische Information der Deutschen Nationalbibliothek:

Die Deutsche Bibliothek verzeichnet diese Publikation in der Deutschen National-
bibliografie; detaillierte bibliografische Daten sind im Internet über http://dnb.d-
nb.de/ abrufbar.

Impressum:

Copyright © 2015 GRIN Verlag, Open Publishing GmbH
Druck und Bindung: Books on Demand GmbH, Norderstedt Germany
ISBN: 978-3-668-01283-7

Dieses Buch bei GRIN:

http://www.grin.com/de/e-book/302244/die-leistungskondiktion-der-bereicherungs-
rechtliche-anspruch-aus-812

GRIN - Your knowledge has value

Der GRIN Verlag publiziert seit 1998 wissenschaftliche Arbeiten von Studenten, Hochschullehrern und anderen Akademikern als eBook und gedrucktes Buch. Die Verlagswebsite www.grin.com ist die ideale Plattform zur Veröffentlichung von Hausarbeiten, Abschlussarbeiten, wissenschaftlichen Aufsätzen, Dissertationen und Fachbüchern.

Besuchen Sie uns im Internet:

http://www.grin.com/

http://www.facebook.com/grincom

http://www.twitter.com/grin_com

Die Leistungskondiktion

Verhältnisse zu anderen Anspruchsgrundlagen:

➔ Bei vertraglichem Verhältnis (Rechtsgrund)
➔ Bei Störung der Geschäftsgrundlage (keine Anwendung von Bereicherungsrecht, Abwicklung über Anpassung oder Rückabwicklung, § 313 III BGB)
➔ Bei fehlerhaftem Arbeitsverhältnis (Abwicklung über §§ 611 ff. BGB)
➔ Bei Eigentümer-Besitz-Verhältnissen (meistens wird Bereicherungsrecht bei Vorliegen eines EBV ausgeschlossen)
➔ Bei berechtigter GoA (Rechtsgrund)
➔ Bei angemaßter Eigengeschäftsführung (nebeneinander beständig)

Anspruchsgrundlagen im Überblick:

Rückabwicklung von fehlgeschlagenen Leistungen
➔ § 812 I 1 Alt. 1 BGB (condictio indebiti)
➔ § 812 I 2 Alt. 2 BGB (condictio ob rem)
➔ § 817 S. 1 BGB (condictio ob turpem vel iniustam causam)
➔ § 813 I 1 BGB (Sonderfall der condictio indebiti)

Rückabwicklung von Leistungen nach Erledigung des Kausalverhältnisses
➔ § 812 I 2 Alt. 1 BGB (condictio ob causam finitam)

… könnte jedoch gegen … einen Anspruch auf Herausgabe des … gem. § 812 I 1 Alt. 1 BGB haben.

1. Dafür müsste (Anspruchsgegner) zunächst etwas erlangt haben.

Unter dem erlangten Etwas ist jeder vermögenswerte(Rspr.)/beliebige (h.L.) Vorteil zu verstehen.

Merke: Es muss eine Verbesserung der Vermögenslage beim Bereicherungsschuldner eingetreten sein.

Hier muss STRENGSTENS zwischen **Besitz** und **Eigentum** unterschieden werden! Jemand der bereits Eigentum an der Sache hat (bspw. durch Erbschaft), kann nicht gleichzeitig noch Eigentum erlangen. Auch an abhandengekommenen Sachen kann grds. nur Besitz und nicht Eigentum erlangt werden. Eine Ausnahme bilden Geld und Wertpapiere.

Beachtet man diese Regel nicht, entstehen zwangsläufig Folgeprobleme. Gegenüber demjenigen der bereits Eigentum an der Sache hat, wird - um einem bspw. dinglichen Herausgabeanspruch zu entgehen bzw. diesen zu erfüllen - immer geleistet.

Als mögliche Bereicherungsgegenstände sind folgende Positionen bedeutsam:

I. Positive Vermögensmehrung

a) Erwerb absoluter Rechte
(Eigentum, Pfandrecht, Anwartschaft)

Merke: Auch ein besserer Rang eines Rechts kann eine Vermögensmehrung darstellen.

b) Erwerb obligatorischer (persönlicher) Rechte
(Forderungen, Nutzungsrechte, Schuldanerkenntnis (§ 781 BGB) und Schuldversprechen (§ 780 BGB) bspw. bei Erhalt einer Gutschrift durch eine Bank auf ein Girokonto (wichtiger Fall).

Merke: Da ein Schuldanerkenntnis nicht herausgegeben werden kann, ist gem. § 818 II BGB Wertersatz zu leisten.

c) Erwerb des Besitzes
Stellt einen tatsächlichen Vermögenswert dar, er gibt die tatsächliche Nutzmöglichkeit (Verfügungsmöglichkeit) und begründet die Möglichkeit der Ersitzung (§ 937 BGB) und die Vermutung nach § 1006 BGB.

Hinweis: Ist die Herausgabe des Besitzes nicht mehr möglich kommt Wertersatz in Betracht. Allerdings gilt es, hier zu beachten, dass der „nackte" Besitz wertmäßig nicht dem Eigentum gleichgestellt ist. Der Besitz selbst stellt keinen selbstständigen Wert dar. In Betracht kommt lediglich Wertersatz aufgrund von Nutzung.

d) Erwerb einer Verfügungsmöglichkeit (Buchposition)
(Eintragung im Grundbuch als Eigentümer, Grundpfandgläubiger, Vorkaufsberechtigter)

Merke: Das Bereicherungsrecht führt hier zu einem Berichtigungsanspruch. Allerdings ist hier § 894 BGB zu beachten. Liegt nämlich eine Fremdtilgungsbestimmung gem. § 267 BGB vor, so wird regelmäßig auch von einem entsprechend Fremdgeschäftsführungswillen auszugehen sein.

e) Erwerb einer geschützten Rechtspositionen

II. Befreiung von einer Verbindlichkeit
(Leistung eines Dritten auf fremde Schuld, grundloser Verzicht/Aufgabe auf ein dingliches Recht oder eine Forderung)

Merke: Die Befreiung einer Verbindlichkeit kann nicht herausgegeben werden. Demnach ist gem. § 818 II BGB Wertersatz zu leisten.

Beachte: In den Fällen der Tilgung einer fremden Verbindlichkeit ist häufig die GoA Rechtsgrund i.S.d. § 812 BGB. Rechtsfolge ist dann der Anspruch aus §§ 683, 670 BGB bzw. §§ 684 S. 1 (Rechts<u>folgen</u>verweisung[1]), 818 ff. BGB.

III. Gebrauchs- und Nutzungsvorteile
(Nutzung eines Pkw, Unbefugte Verwertung von Fotos einer bekannten Persönlichkeit)

Merke: Auch hier ist wieder darauf zu achten, dass lediglich Wertersatz zu leisten ist.

III. Verwertung fremder Rechte und <u>Dienstleistungen</u>
(Arbeitsleistung (es sei denn die Grundsätze des fehlerhaften Arbeitsvertrages greifen ein),

Das Erlangte liegt in der Ersparung von Aufwendungen (lediglich Folge) (Rspr.)

Kritik: Das Gesetz differenziert zwischen „etwas erlangt" i.S.d. § 812 BGB und dem Vorliegen einer Bereicherung i.S.d. § 818 III BGB. Ob die Aufwendungen tatsächlich erspart wurden, ist eine Frage des Anspruchsumfangs. Zudem lägen bei Luxusaufwendungen nie Ersparungen vor, da diese sonst nie getätigt worden wären, demnach würde auch keine Bereicherung bestehen. Dies ist jedoch unbillig.

Das Erlangte liegt in der unmittelbaren Verwertung fremder Rechte und Dienstleistungen selbst, d.h. in deren objektivem Wert (h.L.).

Klausurtipp: Handelt es sich um die Herausgabe einer Sache, wird nicht die Sache, sondern <u>Besitz oder/und Eigentum</u> an der Sache kondiziert. Besitz und Eigentum fallen auseinander, wenn bspw. lediglich der Kaufvertrag angefochten wurde, nicht aber die Übereignungserklärung (Bspw. bei der Übereignung an einen Minderjährigen. Diese ist lediglich rechtlich vorteilhaft.).

Merke: Kondizierbar sind <u>auch Gegenstände ohne materiellen Wert</u>. Allerdings ist in diesem Fall Geldersatz gem. § 818 II BGB natürlich ausgeschlossen (Ein Brief, der nichts wert ist, kann bei fehlender Rückgabemöglichkeit i.S.d. § 818 I BGB nicht in Geldersatz gem. § 818 II kondiziert werden.

Hinweis: Das Erlangte muss nicht identisch mit der herauszugebenden Bereicherung sein. Die Bereicherung und die Haftung des Bereicherten kann sich durch Entreicherung nach § 818 III BGB mindern, wenn dessen Voraussetzungen vorliegen.

Bsp. für eine Formulierung:

... hat sowohl Eigentum als auch die tatsächliche Sachherrschaft an dem ... erhalten. Er hat also etwas im Sinne der Vorschrift erlangt.

---

[1] Das heißt, bei unberechtigter GoA treten nur die Folgen eines wirksamen bereicherungsrechtlichen Anspruchs ein. D.h. innerhalb des § 684 BGB ist zu erörtern, was der Geschäftsherr erlangt i.S.d. § 684 S. 1 BGB hat.

2. Dies müsste durch Leistung des (Anspruchsstellers) geschehen sein.

Damit ist die bewusste und zweckgerichtete Mehrung fremden Vermögens gemeint.

a) Leistungsbewusstsein
Bewusst meint hier, dass die Vermögensmehrung vom Willen des Leistenden getragen sein muss. Die Leistung kann nicht unbewusst erfolgen, eine unbewusste Mehrung fremden Vermögens ist keine Leistung i.S.d. Leistungskondiktion. Es steht lediglich eine Nichtleistungskondiktion (Verwendungskondiktion) zur Verfügung.

Problem: **Reicht ein „Genereller Leistungswille"?**
Was ist wenn der Leistende den Empfänger gar nicht bemerkt hat? Dann kann er dessen Vermögen grds. nicht bewusst mehren.

Rspr.: Doch, bei generellem Leistungsbewusstsein
h.L.: Nein, schwere Grenzziehung zwischen LK und NLK.

Bei: Flugzeug (-), wegen individueller Kontrolle jedes Fahrgastes, bei Zug daher (+)

b) Leistungszweck *(Dient der Bestimmung der Parteien und des Rechtsgrundes)*
Die bewusste Mehrung fremden Vermögens muss einen bestimmten Zweck verfolgen, dessen Verfehlung eine Leistungskondiktion auslöst.

Merke: Eine bewusste Mehrung fremden Vermögens ohne Leistungszweck wird als bloße Zuwendung bezeichnet. Die Zuwendung ist also eine Vermögensmehrung ohne Verfolgung eines Leistungszwecks und im Recht der Leistungskondiktion irrelevant. Sie ist jedoch auch keine Verwendung i.S.d. Verwendungskondiktion.

In Betracht kommende Leistungszwecke:

Beachte: Leistungszweck kann nicht jedes beliebige Motiv oder jeder beliebige Zweck sein. Vielmehr kommen nur solche Zwecke in Betracht, deren Fehlen eine der vom Gesetz geregelten Leistungskondiktion auslöst, dessen Vorliegen dagegen als Rechtgrund die Kondiktion ausschließt.

1) datio solvendi causa (Leistung um eine (vermeintliche) Schuld zu tilgen)

2) datio ob rem (Erbringung einer (nicht geschuldeten) Leistung mit dem Zweck, dass ein künftiges Ereignis eintritt)

Beachte: Es gibt also nur zwei für die Leistungskondiktion relevante Leistungszwecke, die datio solvendi causa und die datio ob rem. Einer dieser beiden Leistungszwecke muss verfolgt und verfehlt worden sein, um die Leistungskondiktion auszulösen. Andere Motive oder Zwecke bleiben unberücksichtigt.

… hat hier um seine kaufvertragliche Verpflichtung zu erfüllen, bewusst und zweckgerichtet ...€ an ... gezahlt/dem...das Eigentum am ... verschafft.

Problem: Ist die Zweckbestimmung eine Willenserklärung?

Beachte: Dieses Problem ist insbesondere bei Minderjährigen von Relevanz.

h.M.: nur ein natürlicher Wille, mit der Konsequenz, dass auch ein Geschäftsunfähiger zweckgerichtet leisten kann.

a.A.: Entweder einseitige empfangsbedürftige Willenserklärung oder zumindest geschäftsähnliche Handlung, welche Geschäftsfähigkeit voraussetzt. Die Zweckbestimmung kann auch von beschränkt Geschäftsfähigen erfolgen, da sie grds. ein neutrales Geschäft darstellt. In Ausnahmefällen[2] kann die Zweckbestimmung rechtlich nachteilig sein, dann ist sie nach § 111 BGB unwirksam. Die Zweckbestimmung durch einen Geschäftsunfähigen ist unwirksam. Ist eine Zweckbestimmung generell unwirksam kann sie nachgeholt werden. Zudem muss die Zweckbestimmung dem Leistungsempfänger zugehen. Wird die Zweckbestimmung falsch verstanden, muss die Bestimmung nach den Grundsätzen über den objektiven Empfängerhorizont ausgelegt werden. Bei der Auslegung dieser Bestimmung muss allerdings auch beachtet werden, ob der objektive Schein dem Erklärenden überhaupt im Einzelfall zuzurechnen ist.

Der Leistungsbegriff im Mehrpersonenverhältnis:

1. Bestehen Leistungsbeziehungen? Welche?

Fraglich ist, ob es zur Ermittlung der Leistungsbeziehung auf den Willen des Leistenden oder den objektiven Empfängerhoriont aus Sicht des Zuwendungsempfängers ankommt?

e.A.: Es ist auf die Sicht des Leistenden abzustellen.

Dafür spricht, dass der Zweck auch von demjenigen gesetzt wird, der die Leistung vornimmt.

h.M.: Der objektive Empfängerhorizont ist entscheidend.

Es ist danach zu fragen, wen ein verständiger Beurteiler aus der Situation des Leistungsempfängers als Leistenden betrachtet hätte, §§ 133, 157 BGB analog[3].

Zu beachten ist allerdings, dass objektiv keine Leistung vorliegt, wenn dem Empfänger die Grundlosigkeit/Fehlerhaftigkeit der Leistung bekannt war.

Hilfestellung: Im Bereicherungsrecht stellt man immer wieder auf den Bereicherungsschuldner ab. Etwas erlangt? -> Vermögensmehrung beim BS? Bestimmung des Leistungszwecks bzw. des Leistenden -> obj. Sicht des Zuwendungsempfängers. Entreichert? -> Vermögensschmälerung beim BS

2. In welcher Leistungsbeziehung fehlt der Rechtsgrund?

---

[2] Als Ausnahmefall kommt die erweiterte Zweckbestimmung: „Leistung auf eine wissentlich nicht bestehende Verbindlichkeit" (siehe unten) in Betracht.
[3] Nur analog, da Zweckbestimmung ein rein natürlicher Wille und keine rechtsgeschäftsähnliche Handlung ist.

5

Grds. ist nur in der Beziehung die Rückabwicklung vorzunehmen, in welcher der Rechtsgrund fehlt.

3. Bestehen Wertungswidersprüche?

Fallgruppen:

a) Anweisungsfälle:

Der wichtigste Fall ist hier die Anweisung in Form der Erteilung eines Zahlungsauftrages gegenüber einer Bank gem. § 675f III 2 BGB.

Exkurs ins Bankenrecht:

Die §§ 675c ff. BGB befassen sich mit dem Deckungsverhältnis, also dem Zahlungsdiensterahmenvertrag als besonderen Geschäftsbesorgungsvertrag im Verhältnis zwischen Anweisendem und der Bank. Durch einen Zahlungsauftrag wird ein Zahlungsvorgang autorisiert und der Dritte erhält zunächst einen Anspruch auf Gutschrift (§ 675t I 1 BGB) und mit erfolgter Gutschrift auf dem Konto des Dritten, hat dieser ein Schuldversprechen gem. §§ 780, 781 BGB erlangt.

Die Anweisungsfälle sind gekennzeichnet durch drei verschiedene Rechtsbeziehungen:

1. Verhältnis Anweisender / Anweisungsempfänger (Valutaverhältnis)
2. Verhältnis Anweisender / Angewiesener (Deckungsverhältnis)
3. Verhältnis Angewiesener / Anweisungsempfänger (Zuwendungsverhältnis)

Die Rückabwicklung erfolgt hier im Regelfall durch Leistungskondiktion in der jeweiligen Leistungsbeziehung. Ausnahme: Wertungswidersprüche.

Beachte: Auch bei Vorliegen eines Doppelmangels (sowohl Deckungs- als auch Valutaverhältnis fehlerhaft) wird nach h.M. in den jeweiligen Leistungsbeziehungen rückabgewickelt. Fraglich ist beim Doppelmangel allerdings, was der Anweisende erlangt haben soll. Von der Befreiung einer Verbindlichkeit kann keine Rede sein. Der Anweisende hat jedoch durch die Leistung des Angewiesenen einen Kondiktionsanspruch gegenüber dem Anweisungsempfänger erlangt. Dieser ist entweder durch Abtretung (Kondiktion der Kondiktion) oder durch Wertersatz gem. § 818 II BGB herauszugeben. Wobei Wertersatz vorzuziehen ist, da der Angewiesene das Insolvenzrisiko des Anweisungsempfängers tragen würde.

Bei Wertungswidersprüchen:

-> Direktkondiktion des Angewiesenen gegen den Empfänger (in Form der NLK)

Bei Fallgruppen der fehlenden/anfänglich unwirksamen Weisung

- Der Überweisungsauftrag wird irrtümlich doppelt ausgeführt.
- Der Anweisende ist geschäftsunfähig
- Der Anweisende ist beschränkt geschäftsfähig
- Die Weisung wird von einem Vertreter ohne Vertretungsmacht erteilt.

- Es wird ein <u>deutlich überhöhter Betrag</u> gutgeschrieben
- Die <u>Überweisung</u> (oder der Scheck) ist ohne Mitwirkung des Kontoinhaber <u>gefälscht</u> worden
- Anweisung rechtzeitig widerrufen und trotzdem ausgeführt
- Anweisung unwirksam und Empfänger erwirbt diese unentgeltlich (Schenkung), Rechtsgedanke: §§ 822, 816 I 2 BGB.

Beachte: Die hinter dieser Korrektur stehende Wertung ist entweder Unbeteiligtheit des (vermeintlichen) Anweisenden („Veranlasserprinzip"), der Minderjährigenschutz oder die Kenntnis des Empfängers[4].

Abgrenzung zu anderen Konstellationen:

1. Die Anweisungsfälle zeichnen sich zunächst durch eine selbstständige Mittelsperson aus, den sog. Leistungsmittler.

Merke: Handelt es sich hingegen um einen unselbstständigen Mittler (Vertreter, Bote), kommen nur Beziehungen zwischen den Hintermännern (Vertretenen) in Frage.

2. Zudem muss ein Dreiecksverhältnis vorliegen, bei dem grds. übers Eck kondiziert werden kann (weil der Leistungsempfänger die Leistung des Anweisenden durch den Mittler hindurch als unmittelbar sieht). Dies ist beispielsweise nicht bei einer Leistungskette der Fall: A verkauft an B und B an C. Bei der Leistungskette liegen die Leistungsbeziehungen an einer teilgliedrigen Kette. Jedes Glied hat eine eigene Beziehung.

Die Leistungskette ist in verschiedenen Formen denkbar:

-> Normale Leistungskette. (kein Dreieck)

-> Leistungskette als Durchlieferung mit Geheißerwerb[5]/Direkterwerb (Scheindreieck[6])

b) Tilgung einer fremden Schuld

Abgrenzung: Anweisungsfälle zeichnen sich dadurch aus, dass der Leistende durch den Leistungsmittler leistet, wohingegen bei der Tilgung einer fremden Schuld der Leistende für den Dritten (Schuldner) leistet.

Merke: Es muss also herausgearbeitet werden, ob eine Anweisung oder Drittzahlung (§ 267 BGB) vorliegt.

Liegt eine Drittzahlung (ohne Anweisung eines Hintermanns) vor, ist jedoch streitig, worin hier der Leistungszweck besteht.

---

[4] Wobei bei der Kenntnis des Empfängers von der fehlenden Anweisung schon ohne Wertungskorrektur keine Leistungskondiktion in Frage kommt.
[5] Beim Geheißerwerb ist der Ersterwerber eine logische Sekunde Eigentümer, beim Direkterwerb nicht.
[6] Scheindreieck, weil weiterhin über die jeweiligen zusammenhängenden Glieder der Kette rückabgewickelt wird (Rückabwicklung in der jeweiligen Leistungsbeziehung).

e.A.: Sieht in der Zahlung des Dritten an den Empfänger einen eigenen (primären) Zweck des Leistenden, das Vermögen des Gläubigers zu mehren. Die die (mittelbare) Vermögensmehrung beim Schuldner durch Schuldbefreiung ist demgegenüber nur ein – zwar gewollter, aber nicht bezweckter Reflex.

Kritik: An das Vorliegen eines Leistungszwecks im Verhältnis Zahlender/Empfänger werden zu geringe Anforderungen gestellt.

h.M.: Der Zahlende verfolgt nur gegenüber dem eigentlichen Schuldner einen eigenen Zweck, nämlich den, Ausgleichsansprüche gegen den Schuldner aus GoA zu erhalten (datio negotii gerendi causa).

Beachte: Die Zahlung des Dritten stellt zwei Leistungen dar. Eine Leistung des Schuldners an den Empfänger und regelmäßig eine gem. § 158 I BGB bedingte Schenkung gegenüber dem Schuldner, mit der Bedingung des Bestehens der Forderung/Schuld (durch Vertragsauslegung zu ermitteln) und dem Zweck, im Nachhinein Ausgleichsansprüche aus GoA geltend machen zu können. Somit würde im Zweifel auch der Rechtsgrund: Schenkungsvertrag wegfallen und es ist im Regelfall wieder eine Kondiktion der Kondiktion vorhanden.

ABER: Der Schuldner hat hier <u>nichts veranlasst</u> und ist nach h.M. aus der Rückabwicklung rauszuhalten (Veranlassungsprinzip). Außerdem genau wie bei den Fällen des Nichtanweisenden ist hier eine Direktkondiktion (Nichtleistungskondiktion) im Verhältnis Zahlender/Empfänger durchzuführen. Durchbruch der Subsidiarität!

Merke: Bei vermeintlicher Leistung auf eigene Schuld, kann die Tilgungsbestimmung nach h.M. wahlweise nachträglich – in eine Fremdtilgungsbestimmung - geändert werden. Kein Grund warum der Fall anders gesehen werden soll, als wenn von Anfang an eine Tilgungsbestimmung bestanden hätte. Der Empfänger hätte erhalten, was ihm ggü. dem wirklichen Schuldner zustand.

Beachte: Hat der Bereicherungsschuldner den gleichen Bereicherungsgegenstand schon durch eine Leistung (eines anderen) erlangt, ist die NLK subsidiär.

3. Dies müsste auch ohne rechtlichen Grund geschehen sein.

Merke: Der Rechtsgrund fehlt bei einer Leistungskondiktion immer dann, wenn der mit der Leistung verfolgte Zweck, so wie er in der Zweckbestimmung gesetzt wurde, nicht erreicht worden ist. Bei der datio solvendi causa wird also die Schuld nicht getilgt und bei der datio ob rem ist das bei der Leistung vorausgesetzte künftige Ereignis oder der vorausgesetzte künftige Rechterfolg nicht eingetreten.

Condictio indebiti

-> Wird auf eine (vermeintliche) Schuld geleistet, die (ex ante) nicht bestand (bspw. wg. Sittenwidrigkeit, gesetzlichem Verbot, auch Anfechtung[7], Schuld mit anderem Inhalt, oder weil sie einfach nicht bestand bzw. jedenfalls nicht ggü. dem Bereicherungsgläubiger), handelt es sich um einen Fall der condictio indebiti, § 812 I 1 Alt. 1 BGB.

Problem: Anfechtung = condictio indebiti

BGH: (+), wegen ex tunc-Nichtigkeit
a.A.: (-), weil Rechtsgrund tatsächlich bis zur Erklärung bestand
außerdem würde § 814 BGB vermieden werden, ABER: § 144 BGB

-> Erfolgt die Leistung schenkungshalber und die Schenkung ist unwirksam oder wird angefochten, handelt es sich um die datio donandi causa, welche als condictio indebiti (sittenwidrige Schenkung, angefochtene Schenkung) zu qualifizieren ist.

Beachte: Die Leistung zur Tilgung einer Schuld, gegen welche eine peremptorische (dauernde) Einrede besteht, steht einer fehlenden Schuld gleich, § 813 I 1 BGB. Auch bei Leistungen auf Verbindlichkeiten mit dauernden Einreden ist somit eine Rückabwicklung grds. möglich.

Schema:

1. Etwas erlangt

2. durch Leistung

3. zwar mit Rechtsgrund aber peremptorischer Einrede
Peremptorische Einreden sind:
- Einrede der Bereicherung, § 821 BGB
- Einrede der unerlaubten Handlung, § 853 BGB
- Einrede der Anfechtbarkeit einer letztwilligen Verfügung, § 2083 BGB
- Einrede der Dürftigkeit des Nachlasses, § 1990 I BGB

<u>Ausnahme</u>: Die Kondiktion ist ausgeschlossen bei der peremptorischen Einrede der Verjährung, §§ 813 I 2, 214 II BGB. Was auf eine verjährte

---

[7] Ausnahme: Bei Anfechtung einer WE im Bezug auf ein Arbeits- oder Gesellschaftverhältnisses keine ex tunc-Nichtigkeit.

9

Forderung gezahlt ist, kann nicht kondiziert werden. Auch bei Wertungswidersprüchen wäre Kondiktion einer Verjährung contra legem.

Rein dilatorische (aufschiebende) Einreden (bspw. §§ 273, 320, 770 BGB) genügen zur Kondiktion nicht.

Condictio ob causam finitam

Fällt der Leistungsanspruch erst später (also ex nunc) weg (bspw. wegen einer auflösenden Bedingung), handelt es sich um die condictio ob causam finitam, § 812 I 2 Alt. 1 BGB.

Beispiele: auflösende Bedingung, Eintritt eines Endtermins, Vertragsaufhebung, Widerruf vollzogener Schenkung (§§ 530, 531 II BGB)

Condictio ob turpem vel iniustam causam

Merke: Verstößt die Annahme der Leistung gegen die guten Sitten oder ein gesetzliches Verbot (condictio ob turpem vel iniustam causam), kann die Leistung gem. § 817 S. 1 BGB ebenfalls kondiziert werden, je nach Lage des Falls nach der condictio indebiti[8] oder der condictio ob rem.

Kurzschema

1. Etwas erlangt

2. durch Leistung

3. zwar mit rechtlichem Grund, aber Annahme der Leistung verstößt gegen ein gesetzliches Verbot oder ist sittenwidrig

Problem: Muss der Leistungsempfänger die Missbilligung der Annahme kennen?

Die hL hält objektiven Verstoß für ausreichend, wenn der Empfänger die Umstände kennt. (Kenntnis bzw. Kennen müssen)

Die Rspr. verlangt darüber hinaus ein entsprechendes Bewusstsein des Empfängers, d.h. Vorsatz oder ein bewusstes „die Augen verschließen".

4. Kein Ausschluss nach § 817 S. 2 BGB (gilt aber für alle Leistungskondiktionen)

---

[8] Meist bei Wucher (§ 138 II BGB) oder wucherähnlichen Geschäften gem. § 138 I BGB.

Condictio ob rem

-> Tritt der mit einer Leistung bezweckte Erfolg (Ereignis) nicht ein, löst dies gem. § 812 I 2 Alt. 2 BGB die condictio ob rem aus.

-> Wird grundlos geleistet, um gegen den Empfänger einen Anspruch auf Ersatz seiner Verwendungen zu erhalten, löst dies, sofern nicht die Voraussetzungen des § 683 BGB vorliegen, die datio obligandi causa aus, § 684 BGB i.V.m. § 812 I 2 Alt. 2 BGB (Unterfall der condictio ob rem).

Hinweis: Die condictio ob rem ist für Verträge, die von der Rechtsordnung nicht anerkannt werden, bei einseitigen Leistungen ohne Absprache oder wenn das erwartete künftige Ereignis überhaupt nicht in einer Leistung des Empfängers liegt. E. c. greift die cond. ob rem nicht ein, wenn der bezweckte Erfolg wirksam vereinbart ist und daher durchgesetzt werden kann. Zudem greift die cond. ob rem nicht ein, wenn der bezweckte Erfolg zur Bedingung erhoben wurde oder der erstrebte Zweck nur ein unverbindliches Motiv des Leistenden ist, welches er dem Empfänger nicht einmal mitteilte. Die Mitteilung des Leistungszwecks muss also mind. konkludent erfolgen und sollte mehr als ein unverb. Motiv und weniger als eine verbindl. Bedingung sein.

Achtung: Streitig ist, ob die condictio ob rem auch dann in Betracht kommt, wenn ein wirksamer gegenseitiger Vertrag vorliegt, in welchem ein über die Gegenleistung hinausgehender Erfolg vereinbart wird. Nach h.M. liegt eine Vertragsstörung vor, für die die condictio ob rem nicht der richtige Rechtsbehelf ist. Sieht man den über die Gegenleistung hinausgehenden Erfolg als vertraglich festgelegte Verbindlichkeit an, ist Schadensersatz und Rücktritt möglich. Ist nach Auslegung eine auflösende Bedingung anzunehmen greift die condictio ob causam finitam ein. Ist die Nebenabrede keine Bedingung aber erkennbar Geschäftsgrundlage, kann gem. § 313 III BGB bei Unzumutbarkeit ein Rücktrittsrecht ausgeübt werden. Liegt ein bloßes Motiv vor, ist es unbeachtlich.

Hinweis: Im Normalfall schließt die condictio indebiti die condictio ob rem aus, da bei dieser grds. auf eine nicht bestehende Schuld geleistet wird. Bei der ob rem kommt jedoch als Besonderheit hinzu, dass diese wieder eine erweiterte Zweckbestimmung inne hat, nämlich diese, dass die Zweckbestimmung selbst wieder einen Behaltensgrund (einseitig gesetzte causa) in sich trägt, wenn das mit der Leistung bezweckte Ereignis eintritt. Eine derartige Bindung ist rechtlich nachteilig, mit der Folge, dass der Minderjährige mit Eintritt des Zweckerfolgs, trotzdem keinen Behaltensgrund setzt.

Merke: § 815 BGB enthält einen spezifischen Ausschlussgrund der condictio ob rem.

Inzidentprüfung:
Fraglich ist, ob hier ein rechtlicher Grund in Form eines wirksamen Kaufvertrages besteht.
Ein wirksamer KV besteht...Angebot, Annahme ect...

11

Verweisung:
Ein Kaufvertrag ist – wie bereits festgestellt (s.o.) – aufgrund ...nicht zustande gekommen. Somit besteht auch kein rechtlicher Grund.

Hier zwei Möglichkeiten. Entweder Inzidentprüfung, wenn KV noch nicht geprüft oder wenn bereits geprüft nach oben verweisen.

<u>*Übersicht über die Leistungskondiktionen*</u>

Umfang des Herausgabeanspruchs
-> Grds. das "Erlangte"
-> Bei Unmöglichkeit der Herausgabe des Erlangten ist gem. § 818 II BGB Wertersatz zu leisten.
-> Zu beachten ist die Einrede der Entreicherung gem. § 818 III BGB